AF341048

LA

MORT DE BRAISARD,

OU LA

REVOLTE DES CUISINES,

DRAME ÉLECTORAL ;

PARODIE BURLESQUE EN TROIS TABLEAUX ET EN VERS

DE

LA MORT DE CÉSAR ;

PAR V. F***.

AU MANS,

Mme DUPUY, LIBRAIRE, CARREFOUR DE LA SYRÈNE ;

L'AUTEUR, RUE SAINT-FLACEAU, 6.

1835.

PERSONNAGES :

BRAISARD , chef des cuisines d'un ministère.

PORC-ANTOINE , sous-chef.

MIMI , pourvoyeur , cuisinier du mouvement.

LA CASSE . . . .
POIS-VERT . . .
BASSINE. . . . . } du mouvement . .
CERVELA . . . .
CASSEROLLA. . } ministériels . . . . } Cuisiniers.
ROUSSI. . . . . .

CUISINIERS des deux partis.

MARMITONS et TOURNEBROCHES.

DEUX GENDARMES.

Le théâtre représente une cuisine. Un antique tournebroche , garni de ses cordes et poids , est à un des côtés d'une large cheminée. Un grand fauteuil est de l'autre côté. On aperçoit à gauche des fourneaux sur lesquels sont des casseroles couvertes. Un poulet vivant est dans une mue en osier. Au fond , une grande table de cuisine , où sont déposés des couteaux , des haches , des broches et autres ustensiles. Sur la cheminée on voit une image représentant le mort de Vatel.

LA

Mort de Braisard,

OU

LA RÉVOLTE DES CUISINES.

Ier TABLEAU.

SCÈNE PREMIÈRE.

BRAISARD, ANTOINE.

Antoine.

Te voilà factotum. Grâce à l'ordre des choses,
Nous voyons aujourd'hui force méthamorphoses.
Nos marmitons contrits vont reconnaître en toi
Leur patron, leur appui, leur bourgeois, leur coq, quoi?
Antoine, tu le sais, n'a pas de jalousie,
D'être ton pair jamais je n'eus la fantaisie.
J'ai preparé l'attache où tu les mettras tous ;
J'aime à te voir dessus, car je serai dessous.

Ton front m'est toujours cher , et chef de tes apôtres ,
J'aime mieux te servir qu'être servi par d'autres.....
Mais quoi? quel cauchemar te fait perdre l'esprit?
Tu fais le Jean qui pleure et moi le Jean qui rit?
Maître de ces fourneaux , et roi dans la cuisine,
Braisard doit-il encore avoir l'âme chagrine?
Dis-moi qui te fait peur , pour que je tremble aussi.

Braisard.

Si j'ai peur, ce n'est pas sans raison, Dieu merci.
Je quitte cet hôtel, et, loin de cette ville,
Tu sais que monseigneur veut que ma main habile
Au fond d'une province, aille, par ses travaux,
Régler l'élection des députés nouveaux.
Quel honneur, cher ami, pour la gent culinaire !
Dans un conseil d'Etat je serai nécessaire ;
Le légume chéri de la fière Albion ,
Épluché de mes mains, sauve la Nation !
Plus d'un dîner pareil, où brilla mon adresse ,
M'a déjà su valoir l'éloge d'un altesse ,
Et depuis quarante ans que je fais des ragoûts,
J'ai pu de ce bas monde apprécier les goûts.
  Immuable soutien de ces vieux tournebroches,
Ce n'est pas qu'en ces lieux qu'il se fait des brioches,
Et plus d'un chat perfide , en renversant mes plats,
M'a prouvé qu'il n'est rien de solide ici-bas.
Ainsi donc, supposé que je mourrais en route,
Voici mon testament, mon cher Antoine , écoute :
  Je suis le maître ici ; mais quand je serai mort,
Je ne le serai plus : telle est la loi du sort.

Je veux donc partager l'autorité suprême,
Entre mes deux garçons , cher Antoine , et toi-même.
Jures-en par le feu qui rôtit ces dindons
Ornemens des repas de nos grandes maisons !
Qu'un fourneau soit l'autel…. ou plutôt, tiens , je pense
Qu'un serment ferait mal en cette circonstance.

Antoine.

Deux fils ! il t'en vient donc un autre *ex abrupto ?*
Tu n'as jamais donné ce doux nom qu'à Coco.

Braisard.

Ah ! vois-tu, cher ami , c'est que c'est un mystère.
Personne n'est forcé de dire qu'il est père :
De l'intrigue à tes yeux je dévide le fil :
Coco, c'est bien mon fils , grâce au code civil.
J'en fis un autre. O ciel ! celui-là me préfère
A tout ce qu'on peut voir de pire sur la terre ,
Et cet enfant marâtre et que j'aime pourtant
Irait avec plaisir à mon enterrement.

Antoine.

Quel est-il ?

Braisard.

Tu connais Crouton , ce dur à cuire ?
Tu sais ce marmiton qui sous lui fut s'instruire ?

Antoine.

Mimi ?…

Braisard.

Lui !

Antoine.

Bah ! non.

Braisard.

Si. Lis !

Antoine.

Moi ? je ne sais point.
Mon art est la cuisine , et ne va pas plus loin.

Braisard.

Je vais donc te conter ce terrible mystère :
J'aimai jadis Fanchon ; cette beauté peu fière
Me planta là soudain pour un vieux caporal ,
Qui , pendant qu'elle était encor à l'hôpital ,
Avait trouvé moyen d'en faire sa maîtresse.
De m'écrire ces mots elle eut la politesse :
« Monsieur, dans ce paquet vous trouverez inclus,
« Le gage infortuné d'un amour qui n'est plus.
« Au porteur du présent vous rendrez sa chemise,
« Portez vous toujours bien. Adieu. Votre soumise. »

Antoine.

Il est donc arrêté là haut que les enfans
Ne pourront ressembler à leurs pauvres parens !

Braisard.

Peut-être en est-il mieux. Quoiqu'il me semble drôle,
Pour un fils tel que lui de prendre la parole,
Cependant, je l'avoue, il a cent qualités.
Il n'a pas son égal pour les petits pâtés.
Peut-être, mon palais, trompé par ma tendresse,
S'est-il exageré leur bon goût par faiblesse.
Peut-être encor aussi, malgré le bruit menteur
La truffe n'a pas pris racine dans mon cœur.
Car, entre nous soit dit, avant que des affaires
Nous fussions à Paris les agens nécessaires,
Avant que d'un dîner fait de telle façon
L'effet influençât la législation,
Je haïssais la truffe et la méthode anglaise
De servir tout saignant le bœuf cuit sur la braise.
Mais l'amour de l'argent me changea. Pour Mimi,
Si je n'étais pas moi je voudrais être lui.
Je crois qu'en apprennant qu'il est fils de son père
Il verra mes ragoûts d'un regard moins sévère.
La nature, le sang, mon bien peut-être aussi,
Tout le décidera, réponds ?

Antoine.

Coussi, coussi.
Je le connaîs. Son cœur est dur à la détente
Hors les ragoûts français tout fricot l'épouvante.
Crouton l'a fait ainsi : du persil, des oignons,
Du sel, du poivre, avec deux ou trois champignons,
Voilà tout son savoir : il n'en veut pas démordre.
Mimi te donnera bien du fil à retordre.

8

Braisard.

Si c'est pour m'amuser ce que tu me dis-là,
Tu te trompes.

Antoine.

Braisard, je t'aime, et puis voilà.

Braisard.

C'est égal, je vais voir. Un discours pathétique
Peut faire de l'effet sur son âme rustique.
Avoir Mimi pour fils me semblerait si doux!
Accordons, s'il se peut, mes ragoûts et mes goûts.

Antoine.

Je vais faire pour toi, mais j'ai peu d'espérance.

SCÈNE DEUXIÈME.

Les mêmes, CASSEROLLA.

Casserolla.

Braisard, les cuisiniers attendent audience.
A ton coup de sonnette il se rendent ici.

Braisard.

Ils ont tardé long-temps! qu'ils entrent.

Antoine.

Les voici :
De cornichons confits les trois quarts ont la mine.

SCÈNE TROISIÈME.

LES MÊMES, MIMI, LA CASSE, POIS-VERT, CERVELA et
BASSINE, *entrent d'un côté* ; CASSORELLA, ROUSSI, *entrent
de l'autre côté.* (Cuisiniers , Marmitons et Tournebroches.)

Braisard.

Approchez tous, amis, soutiens de la cuisine,
Compères de Braisard ; ici l'ami Mimi,
Pois-Vert, Roussi, Bassine , et toi la Casse, aussi.
Le voilà donc venu le tems où ma méthode
Dans les départemens devenue à la mode
A tous les cuisiniers enfin dictant la loi ,
Fait que tous les fricots se feront d'après moi !
Mon devoir qui m'appelle au fond d'une province
Fera goûter dans peu des plats dignes d'un prince
A des gens inconnus pour la plupart fort sots ,
Et dont le seul mérite est deux cent francs d'impôts.
Mimi, Pois-Vert, tous deux seront de mon voyage.
Antoine , je m'en fie à toi pour le potage.
Bassine avec Roussi seront pour les gâteaux ;
Nous connaissons la Casse en fait de macquereaux ,
Par tout sous ce rapport en France on le publie.
Cervela ne fera que la cochonnerie.
Ainsi tout est réglé. Je ne vous cache pas
Que la toute puissance a pour moi des appas.
César fait un discours, dans Monsieur de Voltaire,
Qu'ici je n'aurais pas le talent de vous faire.
Je termine en deux mots : ce qu'il dit est connu ;
Répondez, comme si vous l'aviez entendu.

La Casse.

Je réponds : ne crois pas qu'ici j'aille t'apprendre
Ce que contre tes os nous voulons entreprendre.
Tu pourrais y pourvoir en nous mettant dehors.
Nous serions les dindons , malgré tous nos efforts.
Lorsque contre un lapin je braque une entreprise ,
Je lui laisse un plaisir : celui de la surprise.

Braisard.

Tu raisonnes, je crois ? prends y garde , mignon :
Ne viens pas en ces lieux faire le Cicéron...
C'est là le résultat de la noble assemblée,
Je n'en veux pas plus long. La nappe est enlevée.
Videz tous le plancher... vous êtes des ingrats !
Sortez vite ! sortez !... Mimi , ne t'en va pas.
J'incline fort pour toi, crois-moi : je te pardonne.
Je t'ai toujours chéri beaucoup plus que personne.
Le monde que tu vois te perd , mon cher enfant :
Pour avancer toujours , il faut suivre le vent.

Mimi.

Vante ton vent, Braisard ; ton cœur est bien malade.
Tu ne m'as pas ému par ta grande tirade.
Loin d'Antoine et de toi je file de ce lieu...
Vous sentez trop la truffe , entendez-vous ? adieu !

SCÈNE QUATRIÈME.

ANTOINE , BRAISARD.

Antoine.

Eh bien ! qu'en penses-tu ? crois-tu que la nature
Puisse de ce cœur dur amollir la structure ?

Laisse-là le dessein de reconnaître un fils
Trop digne de rester dans la boîte aux oublis.
Cesse tous tes égards. En avoir pour ces merles ,
C'est devant des cochons vouloir jetter des perles.

Braisard.

Tu connais ma bonne âme , et le penchant que j'ai
Pour faire de Mimi mon jeune protégé.

Antoine.

Tu te blouses, ami! pour règner sur les broches
On doit se faire craindre , ou craindre les taloches.

Braisard.

Je veux me faire aimer. C'est mon ambition :
Le sucre , selon moi , vaut bien le cornichon.

Antoine.

Va! tu n'étais pas fait pour être à notre tête :
A force d'être bon parfois on devient bête.

Braisard.

C'est égal, je suis bon et le serai toujours ;
Mais je crois qu'il nous faut terminer ce discours.
Allons-nous rafraîchir pour parler de plus belle ;
Aussi bien il est tems de moucher la chandelle.

FIN DU Ier TABLEAU.

IIe TABLEAU.

SCÈNE PREMIÈRE.

ANTOINE, MIMI.

Antoine.

Allons, vous avez tort, et pour vous parler bref,
Ce n'est pas comme ça qu'on apostrophe un chef.
Vous aurez beau vouloir pallier votre faute,
Avec lui vous avez la parole trop haute.
Si je vous contais tout, que vous seriez surpris!

Mimi.

Surpris! plus qu'on ne croit, allez, mes bons amis!
Quand je vois des Français, mes chers compatriotes,
Du Cuisinier Royal faire des papillotes,
Et vouloir du pays empoisonner les goûts
De beaf-theck, plum-pudding, et mille autres ragoûts,
Il me semble soudain que je suis un autre homme,
Et je cherche un motif pour que je les assomme.

Antoine.

Va! les coups de bâton ne nous feraient pas peur.
C'est la tranquillité que nous avons à cœur.
Tu respires toujours ou pour plaie ou pour bosse,
Et ton cœur n'est content que quand ton bras nous rosse.
Je suis Français, Mimi, mais apprends entre nous,
Qu'il faut savoir parfois hurler avec les loups.

SCÈNE DEUXIÈME.

MIMI, seul.

Dieu de Dieu! quel affront! voilà donc ma patrie,
Les lâches Marmitons dont tu seras servie!
Voilà ton successeur, heroïque Vatel,
Dont tout, jusqu'au trépas, doit rester immortel.
Traîtres! pour m'enjoler vous faites les tartufes :
Croyez-vous que l'honneur se paie avec des truffes ?
Braisard nous a ravi jusqu'à nos qualités :
Il n'est plus de chapons, les dindons sont restés.
Travaillons cependant, ne perdons pas la carte :
Honni soit l'ouvrier qui du devoir s'écarte.
Images de Vatel et de fameux Crouton,
Vous voyez ma bassesse et mon abjection.
Mon soufflet va dans l'air lancer des étincelles
Qui n'échaufferont point vos sauces immortelles !
Quel est ce plat?(*Il découvre un plat sur le fourneau.*)
   Une oie! et cet autre ? (*Même jeu.*) Un poulet!
Il est à mon adresse!... et qui, d'un tel billet?...
Lisons : « Tu dors, Mimi, la cuisine t'implore. »
Il est cuit, ce Braisard que la cuisine abhorre !
Mais, quoi? que vois-je encor? « non, tu n'es plus Mimi. »
Grands Dieux ! et mon fricot va sentir le roussi,
C'est égal. (*Il prend un poulet*) je serai ce Mimi qu'on réclame.
A Bassine soudain je vais chanter ma gamme :
Sur moi les Marmitons ont tous tourné les yeux :
Je vois qu'il est encor des lapins vertueux.
On me regarde. Allons, ne soyons pas trop tendre.
On demande du sang, je m'en vais en repandre.
   (*Il coupe le cou du poulet*).

SCÈNE TROSIÈME

MIMI , LA CASSE.

La Casse.

Mimi , je viens ici te faire mes adieux :
Nous ne pouvons tenter un effort généreux.
De Braisard désormais je n'attends plus de grâce ;
Il sait qu'à son pouvoir nous faisons la grimace ,
Et des vrais marmitons soutiens du feu sacré
Il va perdre dans nous le reste reveré.
C'en est fait , mes Amis , il n'est plus de cuisine ,
Plus de goût, plus d'honneur ! le gueux nous assassine !
De tous les cuisiniers il triomphe aujourd'hui ,
Et nos sots devanciers n'ont rôti que pour lui.
Haricot de mouton fait aux pommes de terre ,
Canard aux petits pois ou d'une autre manière ,
Braisard nous ravit tout , et devore le fruit
Que la broche en cent ans n'avait pas encor cuit.
Ah ! Mimi ! naquis-tu pour être tournebroche?
La liberté n'est plus.

Mimi (tirant son billet.)

Si ; je l'ai dans ma poche.

La Casse.

Tu l'as?.. (*On entend battre aux champs*) mais quel
vacarme *?* on bat la caisse.... attends !...

Mimi.

Laisse ces vils tapins et leurs sons impuissans ,

La Casse.

Tu l'as ? dis-tu ; mais, quoi ? le tintamarre augmente.

SCÈNE QUATRIÈME.

LES PRÉCÉDENS, POIS-VERT, BASSINE.

Ah ! te voilà Pois-Vert ? d'où vient cette épouvante ?
Trame-t-on contre nous un nouvel attentat ?
Compère, qu'as-tu vu ?

Pois-Vert.

La honte de l'état.
Je viens de voir Braisard à la poissonnerie.
C'est là qu'il annonçait à la foule ébahie
Son voyage futur dans les départemens.
Si vous les aviez vus ! comme ils étaient contens !
Enfin malgré leurs cris Antoine fend la presse.
On frémit en voyant sa figure traitresse :
Sur le front de Braisard il place des lauriers
Le proclame le Roi de tous les Cuisiniers :
De peur que nous prenions le flanc pour l'entre-côte,
Un brevet qu'il exhibe et qu'il lit à voix haute,
Nous apprend que par droit, et pour l'invention
Des repas dits partout *dîners d'élection*,
Braisard doit avilir en en faisant usage
Cette Croix dont jadis on payait le courage.
L'homme qui s'enfuma vingt ans dans ces fourneaux
Dira : pendant vingt ans j'ai servi nos drapeaux,
Et, grâce à son ruban, nos guerriers intrépides
Auront roussi gratis au pied des Pyramides.
A ces mots on frémit : on jette le holà !
Tout le monde s'écrie : à bas ce coquin-là !

On se trouble, on murmure, on se grogne, on se pousse,
Plus d'un joli minois à dessein se retrousse.
Braisard voit tout. Soudain, empochant le brevet,
Il refuse tout bas cet honneur qu'on lui fait;
Mais on voit bien qu'il bisque et que son âme altière
Contre tous les criards veut se mettre en colère.
En effet, il se lève et nous dit que ce soir
De nous rassembler tous il nous fait un devoir.
Nous sommes enfoncés! j'en vais perdre la tête.
Le fait est qu'aujourd'hui je me trouve très-bête...
Qu'en dites vous, Messieurs?

Bassine.

    J'en dis qu'il faut partir
Avant que de le faire on nous vienne avertir.

La Casse.

Braves Amis, pourtant, tâtez votre courage :
De la mort de Vatel vous voyez là l'image.
Ce grand homme mourut, victime de l'honneur;
C'est le cas de prouver si nous avons du cœur.

Mimi.

J'aime à voir qu'un sang chaud dans tes veines bouillonne.
Mais je ne suivrai pas l'exemple qu'il nous donne.
En imitant Vatel à ses derniers momens
Nous n'imiterions plus personne de longtems.

La Casse.

Eh bien, conseille moi, si tu veux que je vive.

Mimi.

Lis.

La Casse.

Le même billet par la poste m'arrive.

Mimi.

Enfonçons donc Braisard, car j'en ai plein le dos.
Qu'il aille chez Pluton faire ses fricandos.
Qu'il meure! quant à nous, observons le silence!
En vrais conspirateurs terminons la séance.
Que chacun du moment ce soir soit averti,
Ne nous endormons pas, Messieurs, sur le rôti.
Pour finir d'un seul coup nos discordes civiles
Jurez sur ce couteau, terreur des volatiles,
Effroi des basse-cours, pour de bonnes raisons,
Jurez mort à Braisard, aux siens!

Tous.

Nous le jurons!

Mimi.

Vous jurez par Vatel, Crouton et compagnie,
D'exterminer Braisard et la truffomanie!
C'est dit : allons nous-en. Déjà le jour s'enfuit.
Pour l'académiser soyez prêts cette nuit.

SCÈNE CINQUIÈME

BRAISARD, MIMI.

Braisard.

Halte-là, camarade! Il faut que tu m'écoutes.
Sais-tu grâces à qui tu digères des croutes?

Mimi.

Non , malin. Laisse-moi m'éclipser de ce lieu.

Braisard.

Tu vas rester. Il faut que nous causions un peu:

Mimi.

Que me veux-tu ? Dis-moi ce que ton cœur désire.
Croirais-tu donc en moi voir quelque chose à frire ?

Braisard.

Si ton père eût été dans la peau de Braisard ,
Qu'il eût sçu comme lui s'enrichir par son art ,
Qu'il eût , par son talent dans l'art gastronomique ,
Fait sur son rotissoir marcher la politique ,
Qu'il eût vu ton faux zèle et te l'eût reproché ,
Qu'eût fait Mimi , pour lors ?

Mimi.

Mimi l'eût embroché !

Braisard.

Et voilà donc la sauce où tu me voudrais mettre ?
Coquin ! avant d'agir , déchiffre cette lettre.

Mimi.

Que vois-je, est-il bien vrai ? me trompez-vous, mes yeux !

Braisard.

Eh bien , mon fils mignon ?

Mimi.

Lui mon papa, grands Dieux!

Braisard.

Oui je le suis, hélas! et ton cœur me dédaigne.
Mimi, mon fils, prends-tu mes bras pour une enseigne?
Viens t'y jetter; mais, quoi, tu ne m'embrasses pas.
Tu restes devant moi planté comme un Colas!

Mimi.

Dieu qui m'as fait bâtard, pourquoi me rendre un père!
O sermens! ô cuisine! ô broche toujours chère!...
Braisard....

Braisard.

Et bien, reponds, dis-moi ce que tu veux.
Mon désir, mon bonheur c'est d'accomplir tes vœux.

Mimi.

N'as-tu de m'avoir fait de preuve que ta lettre?
Es-tu bien sûr, au moins?...

Braisard.

Aussi sûr qu'on peut l'être.
En France je connais bon nombre de lapins
Qui voudraient pour beaucoup en être aussi certains.

Mimi.

C'est dommage, Braisard, que cette belle scène
Ne puisse se passer sur les bords de la Seine.

Prêt à sauter à l'eau je te dirais : Papa,
De votre volonté mon destin dépendra.
De vos fricots anglais abjurez l'imposture,
Ou mon corps aux goujons va servir de pâture.

Braisard.

Chat ! qui pour m'enjoller fais patte de velours !
Cœur de fer, cœur de roc, va ! tes traîtres discours
A mon âme à la fin vont dicter sa reponse !
Pour mon fils à jamais ici je te renonce ;
Je vais exterminer tous les mauvais sujets
Dont, comme un innocent, tu servis les projets.
On sait ce que je puis. Vous passerez la porte
Ou je veux à l'instant que le diable m'emporte !

mimi.

(*A part*) Suivons-le. C'est mon père. Afin de l'embêter,
Au premier cabaret tâchons de l'arrêter.

FIN DU IIᵉ TABLEAU.

IIIe TABLEAU.

SCÈNE PREMIÈRE.

LA CASSE, POIS-VERT, LES CONJURÉS.

La Casse.

Il est donc enfoncé, ce tyran des cuisines !
Par-là nous finissons nos guerres intestines :
Dans une heure on pourra sur le Braisard occis
Entonner en trinquant un gai *De Profundis.*

Pois-Vert.

Nous sommes prêts, La Casse, à suivre ton exemple.
En pensant que d'ici le Public nous contemple,
Briguons par nos efforts ses applaudissemens,
Pour qu'en faveur du zèle il pardonne aux talens !
Mais d'où vient que Mimi tarde tant à paraître ?
Parmi les Conjurés compterions-nous un traître ?
Mais le voici : grand Dieu ! son air n'est plus serein !

SCÈNE DEUXIÈME.

LES PRÉCÉDENS, MIMI.

La Casse.

Qu'as-tu donc ? mon ami ! tu n'as pas l'air en train.
Quelqu'un des Conjurés branle-t-il dans le manche ?

mimi.

Non. Braisard ne sait rien.

Bassine.

Garde donc pour dimanche
Cette mine sournoise et cet air renfrogné.

mimi.

Apprenez un secret, dont j'étais éloigné
D'avoir pu quelquefois concevoir la pensée !
C'est moi qui le premier commence la rossée ;
Il est dit qu'avant vous mon poing le frappera ;
C'est décidé ; tremblez ! Braisard est mon Papa !

Pois-Vert.

Toi son fils !

La Casse.

De Braisard !

Bassine.

O Cuisine ! ô Patrie !

mimi.

Fanchon sans sacremens à Braisard fut unie.
De leur amour en moi l'on voit le résultat.

La Casse.

Non, Braisard ne pourrait avoir fait un tel plat !

mimi.

Ah ! çà conseillez-moi, dans cette horrible affaire,
Dites-moi, mes Amis, ce qui me reste à faire.

La Casse.

Si ton cœur était fait comme l'on en voit tant ,
Je te dirais : bonsoir. Mets toujours voile au vent ,
Et pour de bons écus , en humble girouette ,
Cuis tes œufs , sans savoir qui mange l'omelette.
Mais sans chercher ici cent modèles fameux
Je te fais un discours que tu comprendras mieux :
Déserte nos fourneaux et rôtis sous ton père ,
Mais souviens toi qu'aussi la cuisine est ta mère.
Qu'elle t'a prodigué les plus tendres secours
Depuis que dans ces lieux tu vins couler tes jours.
Braisard pour t'attraper te parle de fortune ,
Ah ! comme il voudrait bien te voir mordre à sa prune !
Ta mère des honneurs sut t'ouvrir le canal ,
Et ton père jadis te mit à l'hôpital.

Mimi.

Ecoutez , c'est mon père. Il faut que je lui dise
Qu'il pourra quelque jour payer cher sa sottise :
Je vais pour l'attendrir prodiguer mes efforts,
Ou sinon , enfoncé.

La Casse,

Qu'on l'attende dehors !
Adieu. Songe à toi-même , à ta noble promesse :
Tirer les vers du nez demande de l'adresse.

SCÈNE TROISIÈME.

MIMI , seul.

Voici la belle scène et le moment fameux
Où je vais étaler mille traits précieux

Pour tâcher de fléchir l'austère politiqu
D'un cuisinier ventru qui connaît la replique.
Le vin, a dit un sage, inspire quelquefois ;
Buvons : dans le discours le vin donne du poids.
Puisqu'il faut à Braisard lâcher la cotelette,
Daigne, Saint-Ciceron, me prêter ta trompette,
Pour parler en public souffle moi ton talent...
Papa vient ! Dieu de Dieu ! je suis tout innocent.

SCÈNE QUATRIÈME.

BRAISARD, MIMI.

Braisard.

Eh bien, que veux-tu ? parle. Es-tu fils de ton père ?

Mimi.

Renonce à ton brevet !

Braisard.

Redoute ma colère !
Est-ce pour m'embêter que tu m'as fait venir ?
Quoi, de ton traître cœur tu ne pourras bannir
Ce dégoût qu'on t'entend prêcher dans les cuisines,
Assaisonnant tes mots de maximes mutines ?
Ma place, mes bontés, rien n'entame ton cœur ?
De quel œil vois-tu donc la truffe ?

Mimi.

Avec horreur !

Braisard.

Je te plains.

Mimi.

Ah ! Braisard ! si tu voulais m'entendre !
Souviens-toi que le feu se cache sous la cendre.
Sans rester plus longtems à nous dire des mots,
Tremble de succomber : renonce à tes fricots !
Je me mets à genoux, mon père, je t'implore...
(*Avec les doigts.*) Un, deux, trois... Faut-il
                 donc recommencer encore ?

Braisard.

Mimi, n'espère pas faire changer mon cœur.

mimi.

En ce cas là, je suis votre humble serviteur. (*Fausse sortie.*)
Ah ! Braisard !

Braisard.

Qu'as-tu donc ! d'où viennent tes alarmes ?
Est-ce qu'aux alentours tu verrais des gendarmes ?

mimi.

Serviteur ! (*Sortie tragique*).

Braisard.

Qui le tient ? il a l'air tout peiné.
Il est comme un ventru qui manque un bon dîné.

SCÈNE CINQUIÈME.

BRAISARD , CASSORELLA , MARMITONS.

Cassorella.

Viens-tu ? les violons sont déjà dans la rue.
Nos gens à coup de poing font ranger la cohue ;
Tous les sots du quartier poussent des cris joyeux
Et la musique joue : *où peut-on être mieux ?*
Mais écoute : pour toi j'ai fait la réussite.
Les cartes ont manqué quatorze fois de suite.
Reste plutôt ici : j'ai peur pour toi , vraiment.

Braisard.

Jamais je ne recule : allons, marche ! en avant ! (*Tambour*).

SCÈNE SIXIÈME.

CASSORELLA , seul.

Quel courage il vous a ! ce serait grand dommage
Si de tous mes carreaux je croyais le présage.
(*On entend des cris.*)
Mais... Dieu ! quel tintamarre !. à qui donc en veut-on ?
(*Derrière le théâtre.*)
Embrochez-le ! courage ! à bas , la trahison !

Cassorella.

Ah ! courons le sauver !.....

SCÈNE SEPTIÈME.

Les précédens , LA CASSE , une broche à la main.

La Casse.

>   La farce est terminée.
N'espère pas changer la foule consternée.
Marmitons! Cuisiniers! le tyran est à bas :
J'espère qu'aujourd'hui vous aiderez mon bras.

Cassorella.

Quoi, vous ne bouillez pas, et Braisard est sans vie?

La Casse.

Mon amitié pour lui n'était pas refroidie :
Messieurs, je l'ai frappé sans haine, sans horreur,
Et je l'ai poignardé comme un homme d'honneur.
Quel siècle! on pourrait donc en soignant la marmite,
De nos anciens troupiers affamer le mérite,
Et se rire , en cuisant un ragoût d'épinards ,
Des défenseurs blanchis de nos vieux étendards?
Soldats! ne cherchez plus le prix de la victoire
Dans la croix dont l'honneur décorait votre gloire !
Déjà nous partagions avec vous les lauriers ,
Vos croix des marmitons eussent fait des guerriers...
Braisard n'est plus! vous tous , qui sortez d'esclavage,
Votre grand homme est mort : pleurez-le : ça soulage.
Je verrai sans pâlir regretter les vaincus ,
Car le regret commence où l'espoir ne luit plus.

Croyez qu'il a fallu que mon bon cœur s'endorme
Pour lui jouer ce tour ; je l'ai fait pour la forme.
Quel est ici celui qui me va démentir ?
Qu'il me le dise en face ! il va s'en repentir !....
Mais vous applaudissez.... Vous craignez la rossée.

Chœur.

De Braisard la puissance est par vous fricassée !

La Casse.

C'est bien. Antoine ici va venir dans l'instant :
Il va vous enjoller, faire le chien couchant ;
Mais souvenez-vous bien qu'il apprit sous son maître
L'art d'embêter les gens sans le faire paraître.
Défiez-vous de lui : Je vais avec les miens
Régler les intérêts des Grecs et des Troyens.
Le cabaret m'attend , pour vous nous allons boire ;
Tâchez de bien mener jusqu'à la fin l'histoire.
Compagnons ! je finis : consentez d'être heureux ,
Pas de queue , et voilà ! c'est tout ce que je veux.
Sachez connaître Antoine , et craignez sa malice.

Chœur.

S'il veut nous en conter que lui-même il rôtisse !

La Casse.

Souvenez-vous , Messieurs , de ces sacrés sermens.

Chœur.

Vous pouvez y compter : voilà nos sentimens.

(La Casse sort.)

SCÈNE HUITIÈME.

ANTOINE, CUISINIERS.

Une Voix.

Ecce homo.

Une autre,

Que diable osera-t-il nous dire ?

Première Voix.

Il a l'air d'un melon qu'on aurait voulu frire.

Deuxième Voix.

Il donnait dans Braisard.

Antoine.

      Oui, Messieurs, j'y donnais.
(*Sur la table*) Braisard fut le héros des roux et des civets.
Vous pensez comme moi ; mais je tais son éloge :
Cet endroit n'est pas fait pour un martyrologe.
Mes yeux gâtent leur sauce : ayez quelque pitié
Pour ces pleurs que Braisard arrache à l'amitié !

Première Voix.

Tu pleures ! pleuras-tu quand nous eûmes un maître ?
Braisard fut bon garçon, mais Braisard fut un traître.

Antoine.

L'affaire est mise aux mains du procureur du Roi.
Les bourreaux de Braisard diront au moins pourquoi.

Mais Dieu! ce cuisinier sensible et débonnaire
Qui voulait s'en aller pour ne pas vous déplaire,
Faut-il donc qu'on l'ait vu cruellement occis
Par Mimi... le coquin!... Messieurs, c'était son fils! .

chœur.

Ah! ciel!

Antoine.

De la nature horrible pléonasme!
Le soleil sur les yeux se mit un cataplasme
Plutôt que d'éclairer ce spectacle touchant!
De grâce! allez du moins à son enterrement!

Deuxième Voix.

Va, tu nous attendris! tu fais couler nos larmes.

Antoine.

Je vais faire apporter son corps par deux gendarmes.
Voilà l'instant fatal, où, tirant son mouchoir,
Tout cuisinier Français doit faire son devoir.
Le voici! rangez vous!...

SCÈNE NEUVIÈME et dernière.

LES PRÉCÉDENS, BRAISARD, *apporté par deux Gendarmes.* Troupe
de Marmitons s'essuyant les yeux avec des torchons sales.

Première Voix.

Ah! quel coup d'œil funeste!

Antoine.

D'un cuisinier ventru voilà ce qui vous reste.

Le voilà , le lapin si respecté par vous ,
Dont ses assassins même ont mangé les ragoûts !
Voyez les nobles traits empreints sur son visage ,
Malgré l'état affreux où l'a mis votre rage !
On n'y distingue plus ni couenne ni lard :
Amis , en ce défunt connaissez vous Braisard ?
Cherchez , si vous l'osez , les marques de son grade.
Ce héros des ragoûts fut mis en marmelade
Par ceux-même qui grâce à ses nobles leçons ,
Sçavent marmelader de toutes les façons.
Ici l'on représente , ici , Messieurs et Dames ,
On voit , comme à Paris , dans les grands mélodrames ,
Le héros de la pièce , apporté tout exprès
Pour faire la morale en allant *ad patres.*
Allons , parle , Braisard , mon compère en friture :
Fais part à ces Messieurs de leur bonne aventure.

𝕭𝖗𝖆𝖎𝖘𝖆𝖗𝖉 , se soulevant , d'une voix faible.

De certains députés voulez vous voir la fin ,
Electeurs ? désormais n'ayez plus si grand faim.

(*La toile tombe*).

FIN DE LA MORT DE BRAISARD.

Imprimerie de MONNOYER , au Mans. — 1835.